BEI GRIN MACHT SICH IHR WISSEN BEZAHLT

- Wir veröffentlichen Ihre Hausarbeit,
  Bachelor- und Masterarbeit

- Ihr eigenes eBook und Buch -
  weltweit in allen wichtigen Shops

- Verdienen Sie an jedem Verkauf

Jetzt bei www.GRIN.com hochladen
und kostenlos publizieren

Bibliografische Information der Deutschen Nationalbibliothek:

Die Deutsche Bibliothek verzeichnet diese Publikation in der Deutschen National-bibliografie; detaillierte bibliografische Daten sind im Internet über http://dnb.d-nb.de/ abrufbar.

Dieses Werk sowie alle darin enthaltenen einzelnen Beiträge und Abbildungen sind urheberrechtlich geschützt. Jede Verwertung, die nicht ausdrücklich vom Urheberrechtsschutz zugelassen ist, bedarf der vorherigen Zustimmung des Verla-ges. Das gilt insbesondere für Vervielfältigungen, Bearbeitungen, Übersetzungen, Mikroverfilmungen, Auswertungen durch Datenbanken und für die Einspeicherung und Verarbeitung in elektronische Systeme. Alle Rechte, auch die des auszugsweisen Nachdrucks, der fotomechanischen Wiedergabe (einschließlich Mikrokopie) sowie der Auswertung durch Datenbanken oder ähnliche Einrichtungen, vorbehalten.

Impressum:

Copyright © 2017 GRIN Verlag
Druck und Bindung: Books on Demand GmbH, Norderstedt Germany
ISBN: 9783668768383

Dieses Buch bei GRIN:

https://www.grin.com/document/436461

Katja Rehor

Auswirkungen elterlicher Trennung auf das Kind

GRIN Verlag

GRIN - Your knowledge has value

Der GRIN Verlag publiziert seit 1998 wissenschaftliche Arbeiten von Studenten, Hochschullehrern und anderen Akademikern als eBook und gedrucktes Buch. Die Verlagswebsite www.grin.com ist die ideale Plattform zur Veröffentlichung von Hausarbeiten, Abschlussarbeiten, wissenschaftlichen Aufsätzen, Dissertationen und Fachbüchern.

Besuchen Sie uns im Internet:

http://www.grin.com/

http://www.facebook.com/grincom

http://www.twitter.com/grin_com

Sorbisches Gymnasium Bautzen

Schuljahr 2016/2017

Klasse 10

Fach: Ethik

Auswirkungen elterlicher Trennung auf das Kind

27.01.2017   Katja Rehor

Inhaltsverzeichnis

1 Einleitung

Familien, in denen die Eltern getrennt leben, scheinen in unserer Gesellschaft mittlerweile allgegenwärtig. In Deutschland beträgt der Anteil der Familien, in denen die Eltern getrennt leben, etwa 16%[1]. Laut dem Statistischen Bundesamt wurden im Jahr 2015 163.335 Ehen geschieden, in 82.019 Fällen waren minderjährige Kinder involviert. Insgesamt waren 131.749 Kinder von elterlicher Scheidung betroffen[2].

Durch die steigende Trennungsrate gewinnt das Thema Scheidung auch in der Familienforschung an immer größerer Relevanz.

Seit den 60er und 70er Jahren befassen sich immer mehr empirische Untersuchungen mit Scheidungen, in denen sich die Erkenntnisse in Bezug auf deren Auswirkungen auf das Kind häufig widersprechen.

Die vorliegende Facharbeit soll die verschiedenen Scheidungsfaktoren im individuellen, familiären und gesellschaftlichen Bereich, die Einfluss auf das Scheidungskind ausüben können, beleuchten und mögliche Folgen benennen und erklären. Dabei soll unter anderem die Frage beantwortet werden, wie lange ein Kind braucht, um die elterliche Scheidung zu verarbeiten, und in welchem Maße das Wohlbefinden dabei beeinflusst wird.

---

[1] Juncke et al., 2016, S. 36
[2] Q4

2 Scheidungsgründe

In der Forschungsliteratur lassen sich fünf Theorien ausmachen, die die persönlichen Gründe einer Scheidung erklären[3]. Diese sind die Modernisierungstheorie, die Transmissionstheorie, Homogamie und Endogamie, Konstruktivismus und schließlich die Rational-Choice-Ansätze.

Nach der Modernisierungstheorie wird angenommen, dass sich der Sinn der Ehe und der Einfluss des Lebenspartners auf uns selbst im Laufe der letzten Jahrzehnte geändert hätten. So ist unser Wohlbefinden stärker von den Personen in unserem nächsten Umfeld abhängig, als von einem traditionellen sozialen Netzwerk, das sich aus einer Großfamilie und/oder Freunden/Bekannten zusammensetzt. Liebe und Ehe sind "die Hauptinstanz für die Sinn- und Identitätsfindung im Leben"[4]. So kann die Ehe stärker belastet werden, weil uns die gegenseitigen Gefühle und Emotionen stärker beschäftigen.

Die Transmissionstheorie nimmt an, dass das Scheidungsrisiko von Generation zu Generation weitergegeben wird. Eine mögliche Ursache kann sein, dass die elterliche Scheidung einen "Push-Effekt" für die Kinder hat. Sie werden früher selbstständig und schließen eigene Ehen, die überstürzt und unüberlegt sein können. Zudem lernen Scheidungskinder, dass Scheidung eine Art der Problem- bzw. Konfliktbewältigung sein kann.

Homogamie und Endogamie beschreiben die Ähnlichkeitsthese Das heißt, dass die Beständigkeit einer Ehe von der Ähnlichkeit der Partner abhängig ist. Dabei legt die Endogamiethese die Übereinstimmungen der sozioökonomischen Merkmale, wie z. B. Alter oder Berufsstatus, dar und die Homogamiethese die Übereinstimmungen in psychischen Merkmalen, z.B. ob die Partner beide introvertiert oder extrovertiert sind.

Der Konstruktivismus ist "[d]er Prozess der 'Konstruktion der Wirklichkeit'"[5]. Dabei ist gemeinsame Kommunikation sehr wichtig. Um die Zufriedenheit beider Partner in Zeiten des Verfalls traditioneller sozialer Netzwerke zu gewährleisten, ist eine gegenseitige Verbundenheit und Hingabe von großer Bedeutung. "Scheidung bedeutet [...] nichts anderes als das Scheitern von Ehepartnern an der Konstruktion einer gemeinsamen Wirklichkeit"[6]. Ist die Kommunikation gestört, so leidet auch die Ehe darunter.

Bei den Rational-Choice-Ansätzen geht man davon aus, dass beide Partner rational handeln. D. h. sie entscheiden nach dem Nutzen einer Ehe oder Scheidung und wie dieser vergrößert werden kann. Demnach sind auch lange Ehen ohne sich liebende Lebenspartner möglich, wenn sich eine Trennung als Nachteil erweisen würde.

---

[3] Hullen, 1998, S.21
[4] ebd., S. 21
[5] ebd., S. 21
[6] ebd., S. 211

3 Beeinflussende Faktoren auf das Verhalten von Scheidungskindern

3.1 Individuelle Faktoren

3.1.1 Alter des Kindes

In der Forschungsliteratur herrscht Uneinigkeit darüber, inwieweit sich das Alter des Kindes zum Zeitpunkt der Trennung auf dessen Entwicklung auswirkt. Untersuchungen zu diesem Thema lassen sich in zwei verschiedene Gruppen einteilen[7]. So ließ sich entweder feststellen, dass jüngere Kinder seelisch stärker belastet werden, da sie die Situation schlechter verstehen können. Oder man kam zu dem Schluss, dass familiäre Faktoren (siehe Kapitel 3.2) bedeutender sind als das Kindesalter.

Kardas und Langenmayr halten die erste Möglichkeit für zutreffend[8]. Sie berichten von Untersuchungen von Hetherington et al., die zeigten, dass sich bei Scheidungskindern zwischen drei und fünf Jahren die Spielweise und ihr Verhalten im sozialen Bereich veränderten. Schon nach zwei Monaten war ihr Spiel weniger frei und einfallsreich. "Die Kinder waren einerseits deutlich aggressiver und nicht zu Kompromissen bereit, andererseits anlehnungsbedürftiger und mittelpunktbezogener. Ihr Spiel blieb instrumentell, unkooperativer und desorganisierter."[9]. Neun- bis zwölfjährige Scheidungskinder haben Probleme, sich sozial einzuordnen[10]. Der feste Freundeskreis ist kleiner und sie bringen sich weniger häufig in Gruppen ein. Dabei spielt es keine Rolle, wie lange die Eltern schon getrennt sind.

Wallerstein stellte ebenso unterschiedliche Reaktionen der Kinder auf die Trennung abhängig von ihrem Alter fest[11]. Vorschulkinder hatten "enorme Angst, verlassen zu werden"[12]. Sie schliefen oft schlechter, urinierten im Schlaf und nuckelten am Daumen. Erst- bzw. Zweitklässler gaben sich die Schuld an der elterlichen Trennung. Die Schulleistungen wurden schlechter und sie empfanden ein Gefühl der Abweisung und dass sie sich für ein Elternteil entscheiden müssten. Neun- bis Zwölfjährige waren meist zornig auf den Elternteil, der ihrer Meinung nach schuld an der Trennung war. Daraus resultierend versuchten sie, sich mit dem Anderen gegen den Schuldigen zu verbünden. Befanden sich die Kinder im fortgeschritten Teenageralter, konnten auch sie die Scheidung nicht einfach annehmen, da sie Angst hatten, die Familienstruktur würde in die Brüche gehen und dass sie dieselben Fehler wie die Eltern machen würden.

---

[7] Stett, 2009, S.55
[8] Kardas; Langenmayr, 1999, S. 276
[9] ebd., S. 276
[10] ebd., S. 276
[11] Q3
[12] ebd.

3.1.2 Geschlecht des Kindes

Nach Ansicht von Stett bestehen keine Zusammenhänge zwischen dem Geschlecht und den Auswirkungen der Scheidung auf das Kind[13]. Dies bestätigen auch Werneck und Eder[14].

Dagegen sprechen Krause und Klopp[15], Jungen würden ihre Trennungsreaktion eher nach außen verlagern, Mädchen eher nach innen. So rebellieren Jungen häufiger, sind weniger folgsam und neigen zu Aggressionen. Mädchen können die Trennung scheinbar besser verarbeiten. Wächst ein Junge allein bei der Mutter auf, so gibt es häufiger Schwierigkeiten. Obwohl der Sohn von der Mutter geliebt wird, stellt er unbewusst den Expartner dar, der abgewiesen wurde, und negative Gefühle werden eher auf ihn projiziert. Wallerstein[16] konnte zudem beobachten, dass es Jungen schwerer fiel, ihre schulischen Leistungen, nachdem diese unmittelbar nach Trennung abgesackt waren, wieder zu steigern.

3.2 Familiäre Faktoren

3.2.1 Elterliches Konfliktniveau

In der Forschung zeigt sich, dass je mehr sich die Eltern untereinander streiten, desto stärker wird das Kind belastet. Elterliche Konflikte führen zu einer "Krisensituation" innerhalb der Familie. Dadurch kann sich die Bindung des Kindes zu seinen Eltern verschlechtern[17], weil diese sich innerhalb der Familie nicht in ausreichendem Maße auf das Kind konzentrieren können. Eine gute Eltern-Kind-Beziehung ist jedoch enorm wichtig, damit das Kind sich Selbstbewusstsein und emotionale Stabilität aneignet und lernt, wie man sozial interagiert und leistungsfähig arbeitet.

So lassen sich schon etwa acht bis zwölf Jahre vor der Trennung Nachteile im kindlichen Verhalten feststellen, wenn das Familienklima beeinträchtigt wird[18]. Demzufolge "weisen Kinder aus hoch konfliktbehafteten Familien [...] sehr ähnliche Problemstellungen auf wie Scheidungskinder"[19]. In ebendiesen Familien kann die Trennung für das Kind auch positiv ausfallen, da sie einen Neuanfang darstellt[20].

Zu dem Zeitpunkt, ab dem die Eltern zeitweilig versuchen, sich gegeneinander die Schuld zuzuweisen und sich verbal angreifen, spricht man von Hochstrittigkeit[21]. Viele Kinder leiden in solchen Situationen unter einer "Zunahme der Kontaktangst, eines unrealistischen Selbstkonzepts

---

[13] Stett, 2009, S. 55
[14] Werneck et al., 2015, S. 146
[15] Krause; Klopp, 2008, S. 250 f.
[16] Q3
[17] Schneider; Lindenberger (Hrsg.), 2012, S.205 f.
[18] Kardas;Langenmayr, 1999, S. 275
[19] ebd. S. 275
[20] Stett, 2009, S. 47
[21] Stett, 2009, S. 77

sowie [...] unangepasstem Sozialverhalten"[22]. Sie zeigen stärker psychische Symptome wie Ärger, Angst und Trauer und sind emotional verletzlicher. Auch die schulischen Leistungen werden durch "Symptome wie gestiegene Angst, vermehrte körperliche Beschwerden, erhöhte Strafintensität"[23] stärker beeinträchtigt.

Je weniger sich die Eltern streiten, desto stärker haben die Kinder das Gefühl, von ihren Müttern gelobt und unterstützt zu werden[24]. Zudem suchen sie bei der Bewältigung ihrer Probleme eher nach sozialer Unterstützung und durch die psychische Belastung ausgelöste physische Symptome, wie z. B. Kopfschmerzen, treten seltener auf.

3.2.2 Bindungsverhalten des Kindes zum nicht-erziehungsberechtigten Vater

93% aller Trennungskinder in Deutschland leben die meiste Zeit bei ihrer Mutter[25], daher befasst sich der Großteil der Studien über das Bindungsverhalten von Scheidungskindern mit der Vater-Kind-Beziehung.

In der kindlichen Entwicklung ist es von Vorteil, wenn das Kind zu mehreren Erwachsenen einen stark ausgeprägten Kontakt hat. So erlangt es verschiedenste Erfahrungen bezüglich gegenseitiger sozialer Umgangsformen[26]. Daraus folgt, dass eine gute Vater-Kind-Beziehung ratsam für eine gute Entwicklung des Kindes ist. Auch das kindliche Wohlbefinden wird dadurch gesteigert[27]. Besonderen Einfluss auf die Vater-Kind-Beziehung nimmt das Konflikt- und Kontaktausmaß der Eltern[28].

Sind die Eltern während der Trennung zerstritten, so beteiligt sich der Vater nach der Trennung meist seltener an der Erziehung des Kindes, um das Zusammentreffen mit der Ex-Partnerin zu vermeiden und so weiteren Konflikten aus dem Weg zu gehen[29].

Inwieweit elterliche Konflikte nach der Trennung einen Einfluss auf die Vater-Kind-Beziehung ausüben, ist allerdings umstritten. So können sie nach King und Heard[30] darauf hinweisen, dass sich der Vater immer noch an der Erziehung des Kindes beteiligt und gewillt ist, dafür eine negative Auseinandersetzung einzugehen. Kein Nach-Trennungs-Konflikt könnte demzufolge auf einen fehlenden gegenseitigen Kontakt hinweisen, welcher wiederum auf die Vater-Kind-Beziehung

---

[22] vgl. ebd., S. 242
[23] vgl. ebd., S. 242
[24] ebd., S. 231 ff.
[25] Juncke et al., 2016, S.36
[26] Oerter; Montada, 1987, S. 195
[27] Werneck et al., 2015, S. 138
[28] ebd., 2015, S. 135
[29] ebd., 2015, S. 137
[30] ebd., 2015, S. 137

negativ einwirken kann. Andere Studien konnten dagegen keinen Zusammenhang zwischen dem elterlichen Nach-Trennungs-Konflikt und der Vater-Kind-Beziehung feststellen[31].

Besonders wichtig für das Wohlbefinden des Kindes ist eine konstante Beziehung zum Vater. Dabei spielt in erster Linie nicht die Häufigkeit des Kontaktes, sondern die Qualität eine Rolle. Allerdings lässt sich bei gehäuftem Kontakt leichter eine bessere Bindung aufbauen. In einer kanadischen Längsschnittstudie von 1984[32] ließ sich feststellen, dass Kinder ohne Kontakt zum Vater weniger stark ausgeprägte Interaktionskenntnisse besitzen als Kinder aus Nicht-Scheidungs-Familien. "Die Dimensionen Ich-Stärke, Selbstwertgefühl und Empathie waren stark reduziert, während ungünstige Erlebnisformen wie die der sozialen Entfremdung und des Egozentrismus stark zunahmen"[33]. Darüber hinaus waren die Kinder ohne Kontakt zum Vater weniger motiviert, Leistung zu erbringen und waren häufiger der Ansicht, Ereignisse würden passieren, ohne dass sie einen Einfluss darauf ausüben könnten.

Scheidungskinder, die auch nach der Trennung noch viel und qualitativ guten Kontakt zum Vater haben, unterscheiden sich meistens nicht von Kindern, deren Eltern nicht getrennt leben.[34]

3.2.3   Bildungsniveau der Eltern

In einer Studie von 1992[35], bei der etwa 5000 Personen in West- und Ostdeutschland zu Partnerschaften und Familienbildung befragt wurden, ließ sich feststellen, dass sich Paare mit einem höheren Bildungsabschluss seltener oder später trennten als Paare aus anderen Gruppen[36]. In derselben Studie konnte auch ein Zusammenhang zwischen der Erwerbstätigkeit der Mutter und dem Scheidungsrisiko festgestellt werden. Demnach gingen "[vollzeitliche] Erwerbstätigkeiten negativ mit der Ehestabilität"[37] einher.

Dass das Bildungsniveau des Vaters einen Einfluss auf die Entwicklung des Kindes nach der Trennung hat, konnte in bisherigen Studien nicht immer bewiesen werden. So wurden zum Teil positive Zusammenhänge festgestellt[38], in anderen Studien konnte das jedoch nicht belegt werden.

---

[31]   Werneck et al., 2015, S. 146
[32]   Kardas; Langenmayr, 1999, S. 276
[33]   ebd. S. 276
[34]   Werneck et al., 2015, S. 147
[35]   Hullen, 1998, S. 24
[36]   Hullen, 1998, S. 29
[37]   ebd., S. 29
[38]   Werneck et al., 2015, S. 138

3.3   Gesellschaftliche Faktoren

Da sich die gesellschaftliche Auffassung zur Scheidung geändert hat, haben sich die Auswirkungen auf diesem Feld seit den achtziger Jahren deutlich verringert[39], weil Vorurteile größtenteils beseitigt werden konnten.

Trotzdem gibt es noch soziale Veränderungen, wenn sich Eltern scheiden[40]. Dies kann ein Wechsel von Freunden sein, wenn das Kind mit einem Elternteil in Folge der Scheidung umzieht. Außerdem verändert sich in vielen Fällen auch die finanzielle Situation, weil ein Elternteil den Großteil der Kosten alleine aufbringen muss und damit weniger Geld für das Kind zur Verfügung steht.

---

[39]   Kardas; Langenmayr, 1999, S. 274
[40]   Stett, 2009, S. 47 f.

4 Scheidungsprozess des Kindes

Je nachdem, welche Scheidungsfaktoren auf ein Scheidungskind einwirken, sind auch die Symptome unterschiedlich. 1 bis 3 Jahre nach der elterlichen Trennung erfährt das Kind eine kurz- und mittelfristige Symptombelastung. In dieser Zeit sollte es die Trennung verarbeitet und die anfangs auftretenden Scheidungsfolgen abgebaut haben. Sind bei einem Scheidungskind 5 Jahre nach der Trennung immer noch Folgen zu beobachten, so spricht man von langfristigen Scheidungsfolgen[41]. Diese sind vor allem davon abhängig, wie das Kind und sein gesamtes Umfeld mit der elterlichen Scheidung umgegangen sind.

4.1 Kurz- und mittelfristige Symptombelastung

Nur etwa 10 % der Scheidungskinder erleben die elterliche Trennung positiv[42]. Der Großteil wird von Problemen, die vor und durch die Trennung ausgelöst wurden, belastet.

Zum Zeitpunkt der juristischen Scheidung wird den Kindern von ihren Eltern häufig weniger Beachtung geschenkt. Das Kind hat in dieser Phase oft das Gefühl, es wäre wertlos und würde die Schuld an der Trennung tragen. Die Ungewissheit, wie sich ihr Leben nach der Trennung gestalten wird, macht ihnen Angst. Durch die empfundene Ohnmacht und ihre Angst sinken sowohl Selbstwertgefühl als auch Selbstbewusstsein. Sie neigen zu depressivem Verhalten, haben Probleme, ihre Fähigkeiten einzuschätzen und diese einzusetzen. Ihre schulischen Leistungen gehen meist stark zurück, weil sie sich durch den Stress in der Familie nicht in vollem Maße auf die Schule konzentrieren können. Dies betrifft vor allem Jungen[43]. Die erhöhte Stressbelastung schwächt zudem ihr Immunsystem und sie werden schneller krank[44].

Auch das Sozialverhalten verändert sich direkt in Folge der Trennung. So werden sie teilweise zurückhaltender, gehemmter und verlagern ihre Probleme eher nach innen. Andere neigen häufiger zu auffälligem Verhalten, wie Aggressivität und Straffälligkeit.

4.2 Langfristige Scheidungsfolgen

Ob psychische Probleme und Verhaltensauffälligkeiten 5 Jahre nach der elterlichen Trennung noch darauf zurückzuführen sind, ist umstritten. Fassel beschrieb 1994 die "Wesenszüge von erwachsenen Scheidungskindern"[45]. Seiner Ansicht nach haben Scheidungskinder später ein übersteigertes Verantwortungsgefühl, Kontrollbedürfnis und Angst vor Auseinandersetzungen[46].

---

[41] Stett, 2009, S. 50
[42] ebd., S. 50
[43] Kardas; Langenmayr, 1999, S. 275
[44] Hullen, 1998, S. 24
[45] Stett, 2009, S. 55
[46] ebd., S. 55

Wallerstein konnte noch 10 Jahre nach der elterlichen Trennung Auffälligkeiten feststellen[47]. Von den Probanden, die zur Zeit der Trennung zwischen neun und vierzehn Jahre alt waren, wusste ein Drittel nicht, was sie mit ihrem Leben anfangen sollten. Diese Scheidungskinder beendeten oft vorzeitig die Schule und verdienten ihr Geld durch Gelegenheitsjobs. Zudem beobachtete Wallerstein, dass 20 % der in ihrer Studie befragten Scheidungskinder sehr viel Alkohol konsumierten, außerdem verhielten sich "zwischen 10 und 30 Prozent kriminell"[48]. Nach 15 Jahren mussten sich 40 % der Scheidungskinder, zu diesem Zeitpunkt zwischen 19 und 29 Jahren alt, wegen Schwierigkeiten mit dem/-r Lebenspartner/-in in psychotherapeutische Behandlung begeben.

Von einer erhöhten Straffälligkeit berichtet auch Stett. So neigen männliche Scheidungskinder, besonders im Alter zwischen 20 und 24 Jahren, häufiger zu "Gewaltdelikten, Einbrüchen, Drogenhandel und Verkehrsdelikten"[49]. Junge Frauen hätten dagegen häufig wechselnde Sexualpartner, konsumierten Drogen und flüchteten von zu Hause.

Bei weiblichen Scheidungskindern, die damals unter 10 Jahre alt waren, beobachtete Wallerstein den sogenannten "sleeper effect". Dabei kamen die Scheidungsfolgen in einigen Fällen erst ca. 10 Jahre später zum Vorschein, nachdem sie die Scheidung offenbar gut verkraftet hatten[50].

4.3 Scheidungsrisiko von Scheidungskindern

Männliche Scheidungskinder haben eine um 20 % höhere Wahrscheinlichkeit, sich später selbst scheiden zu lassen, bei weiblichen Scheidungskindern ist die Wahrscheinlichkeit um 70 % erhöht[51]. Dies bestärkt die Transmissionstheorie (siehe Kapitel 2), dass die Eltern das Scheidungsrisiko auf die Kinder weitergeben.

Scheidungskinder schließen früher eigene Ehen und sind finanziell meist mittelloser, weshalb beide Partner gezwungen sind zu arbeiten. Beide Faktoren erhöhen das Scheidungsrisiko. Weiterhin erhöht auch die bei einigen Scheidungskindern zu beobachtende verminderte Fähigkeit des mitmenschlichen Umgangs das Scheidungsrisiko. So kann es ihnen schwerer fallen, Beziehungen aufzubauen und über einen längeren Zeitraum hinweg aufrechtzuerhalten.

---

[47] Q3
[48] ebd.
[49] vgl. Stett, 2009, S. 54
[50] Q3
[51] Hullen, 1998, S. 23

5 Wohlbefinden von Scheidungskindern

5.1 Sozial-emotionale Merkmale

Als sozial-emotionale Merkmale bezeichnet man zum einen die Fähigkeiten der zwischenmenschlichen Interaktion einer Person und zum anderen ihren Umgang mit den eigenen Emotionen.

Scheidungskinder zeigen ihre Gefühle meist seltener in konfliktbehafteten Situationen, stattdessen verdrängen sie das Problem oder geben sich selbst die Schuld und denken, sie hätten die alleinige Verantwortung, den Konflikt zu lösen.[52]. Dieses Verhalten ist auf die häufigen Konflikte zur Zeit der elterlichen Trennung zurückzuführen. Die dadurch ausgelösten "Gefühle der Ohnmacht, Enttäuschung, Trauer und Angst" führen dazu, dass sie sich keine weiteren Frustrationen leisten wollen[53]. Sie haben Angst, weitere Konflikte würden zu einem Liebesverlust führen .

Scheidungskinder haben häufiger Probleme, sich in Gesellschaft angemessen zu verhalten, weshalb sie häufiger eine feindselige Abneigung gegenüber Anderen empfinden und weniger Hemmungen haben, Aggressivität zu zeigen[54].

5.2 Kognitive Merkmale

Kognitive Merkmale einer Person betreffen ihre Wahrnehmung und Denkweise. Wie schon in Kapitel 4.1 beschrieben, erbringen Scheidungskinder meist schlechtere Schulleistungen, weil es ihnen schwerer fällt, sich zu konzentrieren. Sie sind in erster Linie damit beschäftigt, die Trennung zu verarbeiten. Ebenso können die Eltern ihnen nicht mehr im gleichen Maße wie früher helfen. Dies tritt vor allem auf, wenn die Kinder nur bei einem Elternteil aufwachsen[55].

5.3 Wohlbefinden-positiv-beeinflussendes elterliches Verhalten

Um das Kind möglichst wenig zu belasten, sollte es auf keinen Fall mit seinen Problemen und Ängsten allein gelassen werden. Auch wenn die Eltern selber Schwierigkeiten haben, die Trennung zu verarbeiten, sollten sie in keinem Fall das Kind und seine Bedürfnisse vergessen. Schließlich leidet es womöglich am stärksten unter der Trennung.

Daher sollte man das Kind darauf vorbereiten und ihm abhängig vom Alter die gesamte Situation erklären. Es ist selbstverständlich, dass ein Kind aus einer größtenteils harmonischen Familie die

---

[52] Kardas; Langenmayr, 1999, S. 283
[53] vgl. ebd., S. 283
[54] ebd., S. 276
[55] ebd., S. 275

Trennung nicht möchte und sich wünschen wird, die Eltern würden sich wieder vertragen und den Beziehungsbruch rückgängig machen. Deshalb ist es wichtig, ihm keine großen Hoffnungen auf dieses Ereignis zu machen.

Auch offener Streit ist äußerst schädlich. Erkennen die Eltern, dass sie sich nicht mehr lieben, so sollten sie realistisch und konstruktiv auf die Situation eingehen und Streit möglichst vermeiden.

Wichtig ist, dass sich das Kind schnell an die neue Situation gewöhnt und rasch in den Alltag zurückfindet. Hilfreich ist dabei, dass das Kind die Liebe beider Eltern erlebt. Es soll sich auf sie verlassen können. Zudem dürfen die Grenzen bei der Erziehung nicht verschoben werden, d. h. die Toleranz gegenüber Fehlverhalten darf nicht gesteigert werden.

Tragen die Eltern selber psychische Belastungen davon, so ist es ratsam, sich Unterstützung im Freundes- oder Familienkreis oder von Therapeuten zu holen[56].

---

[56] Q1

6 Schluss

Zusammenfassend stellt eine elterliche Scheidung einen bedeutsamen Punkt in der Entwicklung des Kindes dar. Inwiefern sie ein Kind beeinflusst, ist allerdings sehr unterschiedlich.

Ob die individuellen Faktoren Alter und Geschlecht des Kindes erheblich sind, ist innerhalb der Scheidungsforschung stark umstritten. Unterschiedliche Reaktionen, abhängig von Geschlecht und Alter, ließen sich zwar vermehrt feststellen, ob sie aber jeweils von Vorteil oder Nachteil sind, lässt sich nicht genau sagen. Viele Scheidungsforscher gehen davon aus, dass die familiären Faktoren, besonders das elterliche Konfliktniveau und das Bindungsverhalten zum nicht-erziehungsberechtigten Vater, bzw., wie in seltenen Fällen, zur nicht-erziehungsberechtigten Mutter, den wohl größten Anteil an der kindlichen Scheidungsreaktion tragen. Auch das Bildungsniveau kann eine positive Wirkung haben. Das konnte jedoch nicht in allen Fällen nachgewiesen werden. Gesellschaftliche Faktoren üben ebenfalls Einfluss auf die Scheidungsreaktion des Kindes aus. Negative Vorurteile gegenüber Scheidungsfamilien konnten durch den Anstieg von Scheidungen in Deutschland größtenteils beseitigt werden.

In der Regel ist in den ersten 2 bis 3 Jahren nach der Trennung ein Unterschied zwischen Scheidungskindern und Kindern aus nicht-getrennten Familien hinsichtlich des Wohlbefindens, Sozialverhaltens und der kognitiven Merkmale festzustellen.. Diese nehmen in der Regel mit dem Heranwachsen des Kindes immer weiter ab. Wenn dies nicht der Fall ist, so begleitet die elterliche Scheidung das ganze Leben des Kindes. Die Übertragung des Scheidungsrisikos auf Scheidungskinder konnte gehäuft nachgewiesen werden, unabhängig davon, welche Folgen die Trennung weiterhin mit sich bringt.

Wichtig ist zu erwähnen, dass die elterliche Scheidung nicht zwingend einen Nachteil in der Entwicklung des Kindes darstellt. Ausschlaggebend für die kindliche Reaktion sind hierbei das Familienklima vor und nach der Trennung und der Umgang des Kindes und außenstehender Personen mit dem Thema. Auch wenn die Scheidung negative Folgen ausgelöst hat, so können diese später durch positive Erfahrungen wieder abgebaut werden.

7 Bibliografie

Bücher:

Juncke, David; Brauckmann, Jan; Heimer, Andreas: Väterreport 2016 - Vater sein in Deutschland heute. Bundesministerium für Familie, Senioren, Frauen und Jugend, Berlin 2016.

Oerter, Rolf; Montada, Leo: Entwicklungspsychologie. Psychologie Verlags Union, München-Weinheim 1987.

Schneider, Wolfgang; Lindenberger, Ulman (Hrsg.): Entwicklungspsychologie. Beltz Verlag, Weinheim, Basel 2012.

Stett, Dietmar: Auswirkung des elterlichen Konfliktniveaus auf betroffene Scheidungskinder - Empirische Untersuchung anhand einer Scheidungskindergruppe. Inaugural-Dissertation zur Erlangung des Doktorgrades (Dr. phil.) der Philosophisch-Sozialwissenschaftlichen Fakultät der Universität Augsburg, Kammlach 2009.

Wilkening, Friedrich; Freund, Alexandra M.; Martin, Mike: Entwicklungspsychologie kompakt. Beltz Verlag, Weinheim, Basel 2013.

aus Zeitschriften:

Kardas, Jeanette; Langenmayr, Arnold: Sozial-emotionale und kognitive Merkmale von Scheidungskindern und Kindern aus Zwei-Eltern-Familien - ein querschnittlicher Vergleich. In: Praxis der Kinderpsychologie und Kinderpsychiatrie, 48 (1999) Heft 4/10.

Krause, Christina; Klopp, Verena: "Ich und meine Familie" - Reflexionen von Scheidungskindern über ihre Familie. In: Zeitschrift für Familienforschung, 20 (2008) Heft 3/3.

Hullen, Gert: Scheidungskinder - oder: Die Transmission des Scheidungsrisikos. In: Zeitschrift für Bevölkerungswissenschaft, 23 (1998) Heft 1/4.

Werneck, Harald; Eder, Maximilian O.; Ebner, Simone; Werneck-Rohrer, Sonja: Vater-Kind-Kontakt und kindliches Wohlbefinden in getrennten und nicht-getrennten Familien. In: Praxis der Kinderpsychologie und Kinderpsychiatrie. 64 (2015), Heft 2/10.

Internetquellen:

Q1:   Koch, Claus: Verständnisvolle Scheidungskinder gibt es nicht. Aus: Zeit Online Gesellschaft (vom 31.05.2010); unter: http://www.zeit.de/gesellschaft/familie/2010-05/familie-scheidung (eingesehen am 19.11.2016).

Q2:   Schaaf, Julia: Scheidungskinder: Das sind Wunden, die hat man.
Aus: Frankfurter Allgemeine Zeitung Gesellschaft (vom 13.01.2012);   unter:
http://www.faz.net/aktuell/gesellschaft/scheidungskinder-das-sind-wunden-die-hat-man-11597133.html (eingesehen am 19.11.2016).

Q3:   unbekannter Autor: Scheidung: Späte Folgen bei den Kindern. Aus: Der Spiegel (vom 30.1.1989); unter: http://www.spiegel.de/spiegel/print/d-13496707.html (eingesehen am 08.01.2017).

Q4:   unbekannter Autor: Ehescheidungen nahmen 2015 um 1,7% ab.
Aus: Statistisches Bundesamt (vom 15.07.2016); unter:
https://www.destatis.de/DE/PresseService/Presse/Pressemitteilungen/2016/07/PD16_249_12631.html (eingesehen am 18.01.2017).